Renard.

...atistique de Bourbonne
les-Bains.
P. 1825.

STATISTIQUE GÉNÉRALE DE BOURBONNE-LES-BAINS,

PAR M. BERNARD ATHANASE,

Docteur en Médecine.

PREMIÈRE LIVRAISON.

PARIS,

IMPRIMERIE DE GAULTIER-LAGUIONIE,

HÔTEL DES FERMES.

1825.

(n'a pas été continué)

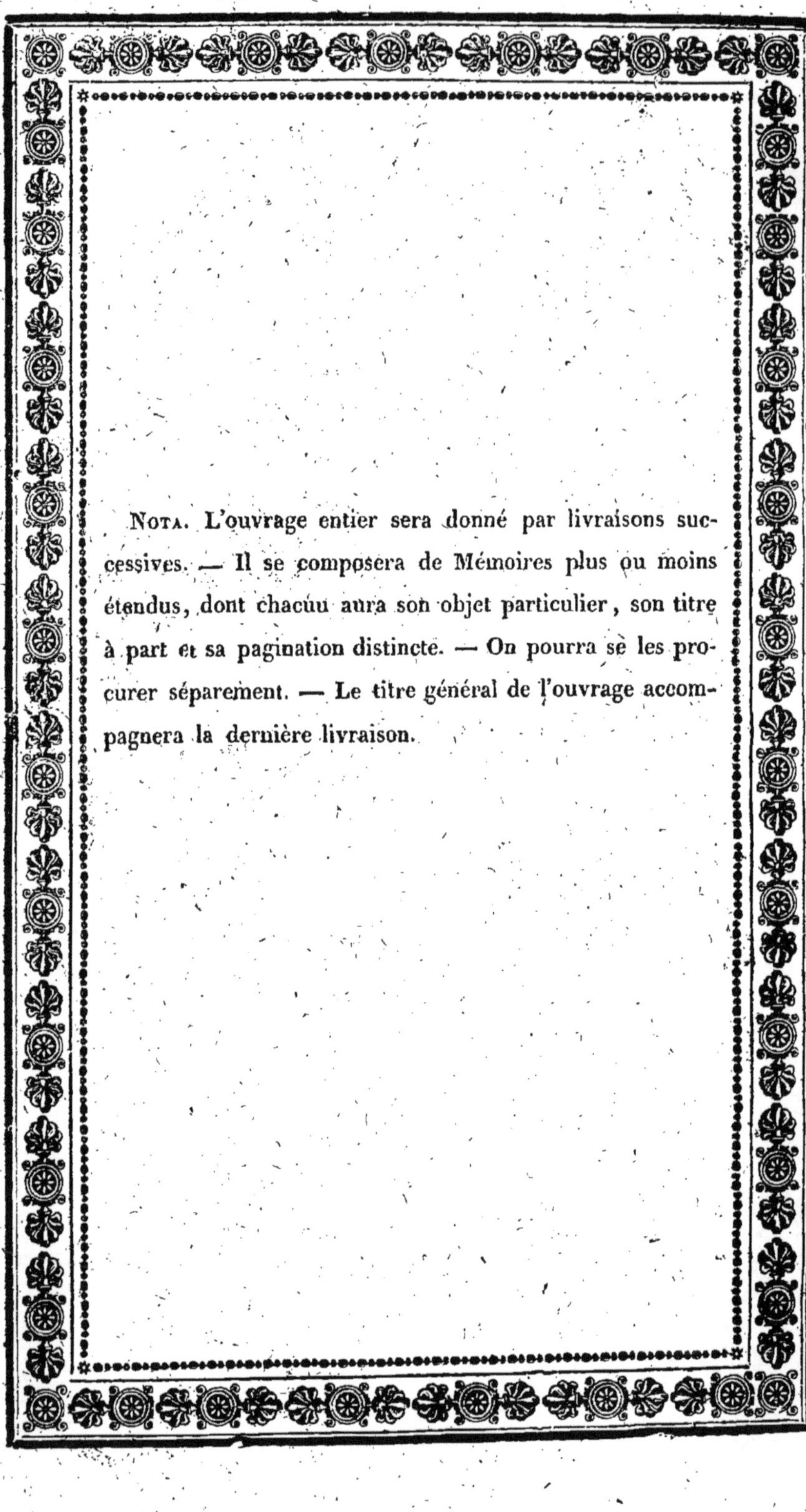

Nota. L'ouvrage entier sera donné par livraisons successives. — Il se composera de Mémoires plus ou moins étendus, dont chacun aura son objet particulier, son titre à part et sa pagination distincte. — On pourra se les procurer séparement. — Le titre général de l'ouvrage accompagnera la dernière livraison.

MÉMOIRE

EN FORME D'INTRODUCTION,

POUR SERVIR A L'HISTOIRE

DE BOURBONNE-LES-BAINS,

PAR M. RENARD ATHANASE,

DOCTEUR EN MÉDECINE.

PARIS,

DE L'IMPRIMERIE DE GAULTIER-LAGUIONIE,

HÔTEL DES FERMES.

1825.

MÉMOIRE

EN FORME D'INTRODUCTION,

POUR SERVIR A L'HISTOIRE

DE BOURBONNE-LES-BAINS.

AVANT-PROPOS.

Il y a cinq années que, songeant à rassembler les matériaux d'un travail sur Bourbonne, je mettais l'exécution future de ce travail au rang de mes pensées les plus chères. J'étais loin de m'attendre à ne pouvoir aborder mon sujet qu'après en avoir auparavant discuté les prérogatives et fondé la possession. L'exercice d'un droit naturel est en quelque sorte devenu pour moi celui d'un droit de conquête; et pour en jouir, il faut même encore aujourd'hui me justifier d'en faire usage et prouver qu'il est acquis.

Le mémoire en forme d'introduction qui va suivre, et qui certainement n'entrait pas dans le plan primitif et dans la division de mon ouvrage, aura pour objet d'établir ce droit qui, depuis si long-temps, m'est contesté.

Je me hâte de faire observer que si des questions de personnes n'avaient pas été très-imprudemment substituées à des questions de choses, l'objet de ce mémoire envisagé comme il devait l'être, aurait été lié, d'une manière et suivant des proportions plus convenables au plan général de mon ouvrage, dont j'avais primitivement approprié le cadre au besoin d'admettre et d'embrasser toutes les parties du sujet que j'avais à traiter. Ce cadre ainsi conçu, renfermait la nomenclature analytique des auteurs assez nombreux, la plupart inconnus, qui se sont occupés de Bourbonne et de ses eaux; la topographie, l'histoire générale de cette ville, autant qu'il est possible de la faire à l'aide des traditions, de certains vestiges d'antiquités qu'on y remarque et de ses archives depuis un siècle; l'appréciation comparée de ses ressources tant annuelles qu'extraordinaires et de ses charges envisagées sous ce double point de vue; l'exposé des moyens d'agrandissement et d'illustration dont je la crois susceptible et qui sont en rapport avec le développement de sa principale industrie; l'histoire particulière des deux établissements thermaux qu'elle possède; enfin celle de ses eaux considérées dans leurs propriétés chimiques et médicales.

Tel était le plan de mon ouvrage, et tel je dois l'exécuter encore. Il sera suivi, si, comme je l'espère, on veut bien me permettre de l'achever, de plusieurs cartes topographiques qui n'en seront que le complément naturel, et dont la réunion doit former un petit atlas composé d'une carte générale de la ville, de plusieurs cartes particulières, où seront figurés ses principaux établissements, l'hôpital militaire, l'établissement des bains civils et ses accessoires, la promenade de Montmorency, le terrain de l'ancien château, etc. La plus grande partie de ce travail est déjà même entre mes mains. J'y dois joindre de plus une vue complète de Bourbonne, prise d'un point d'élection dont je me suis assuré, dans ce dessein, la jouissance et la propriété.

Ce plan doit sembler complet. Je me proposais de l'exécuter par livraisons, dans la succession desquelles aurait été naturellement comprise et débattue la question des intérêts de la ville et des améliorations que réclamait son état présent; mais cette question, dont je m'étais habitué d'abord à regarder les applications comme éloignées, vint tout-à-coup s'offrir à l'examen.

Je m'en occupai: je dirai dans quelles vues et suivant quelle direction de moyens. Malheureusement pour moi, je n'avais jusque-là guère observé Bourbonne, autrement que sous le point de vue des objets purement matériels attachés à son sol, ou des souvenirs enfouis dans ses chroniques; et j'étais loin de présumer que j'allais soulever contre moi, des intérêts d'un certain genre, étrangers jusqu'alors au sujet particulier de mes études.

Il en est résulté que bientôt je me vis, presqu'au

début de ma carrière médicale, attaqué dans la pureté de mes intentions, calomnié, menacé, présenté comme un objet de ridicule ou de mépris, décrié jusqu'à la préfecture ; et cela, pour n'avoir pas assez connu le danger qu'il y avait à manifester dans l'intérêt de Bourbonne et des étrangers qui fréquentent ses sources, un vœu, légitimement conçu, dans la sphère de mes attributions médicales.

J'appris donc, aux dépens de ma tranquillité, qu'il était souvent dangereux de n'avoir en vue que le bien. Une vérité si banale ne m'était pas sans doute étrangère en théorie; mais la rude expérience que j'en fis pendant près de deux années, me l'a rendue beaucoup plus familière et présente à l'esprit. Cette épreuve à laquelle je n'étais point préparé, peut, à tous égards, être envisagée comme un cours expérimental et suivi de *statistique morale*, auquel on me força d'assister, pour me punir un peu d'avoir eu la bonhomie de penser qu'il me suffirait d'avoir étudié Bourbonne en médecin. Mais un cours de cette nature, tout instructif et savant qu'il peut avoir été, doit finir; et je viens en demander la clôture ou mieux la prononcer.

J'ose espérer maintenant que mes lecteurs ne me blâmeront pas d'avoir interverti, modifié l'ordre primitif et naturel de mon ouvrage, et donné par cela même un surcroît d'importance au sujet d'une question que je devais d'abord, en son lieu, présenter plus en raccourci. Ce déplacement, dont ils sentiront la convenance, a pour objet d'établir entre la discussion d'un projet d'embellissement dont je me suis déclaré fauteur, et la justification de ma conduite en cette circonstance, un rapprochement que l'obstination de mes détracteurs a rendu légitime. Ils voudront bien prendre en considération la valeur des motifs auxquels je me suis forcément rendu moi-même, et me savoir gré d'un effort entrepris dans la vue de leur témoigner aussi tout le prix que j'attache aux faveurs de la juridiction qu'ils auront lieu d'exercer à mon égard. En effet, je suis assez pénétré des obligations d'un médecin pour penser, encore aujourd'hui, que le public n'a pas perdu le droit de s'attendre rencontrer dans sa conduite, aussi bien que dans ses écrits, les intentions d'une ame honnête et les vues d'un esprit éclairé.

PREMIÈRE SECTION.

ESPRIT DE CE MÉMOIRE.
INTÉRÊTS GÉNÉRAUX DE BOURBONNE, ET SES BESOINS ACTUELS.

I. Une question d'embellissement public, à Bourbonne, est devenue l'occasion d'une suite de débats dans le cours desquels il est aujourd'hui bien reconnu que les personnes ont été souvent mises à la place des choses. Il en est résulté qu'un sujet purement didactique et froid de sa nature, acquit promptement l'intérêt passionné du drame, et de simple qu'il était, devint aussitôt très-compliqué.

C'est à la faveur de cette inextricable confusion d'éléments divers, incompatibles, entassés pêle-mêle, et violemment poussés, pressés dans la même question, que la matière de celle-ci parut long-temps presqu'inaccessible à tous moyens d'analyse. On avait à cœur surtout d'éluder l'application des miens; mais le moment est venu pour moi d'en faire ici l'essai rigoureux.

Le bon succès de cette application dépendra surtout de l'art avec lequel j'aurai déterminé, saisi les différents aspects sous lesquels on peut considérer le sujet grave et compliqué dont la discussion va m'occuper.

Avant de l'examiner dans son ensemble, ou dans le système des relations forcées qu'on a voulu maintenir entre les personnes et les choses, il me faudra le ramener, sous les yeux de mes lecteurs, à l'état de première simplicité qu'il aurait dû conserver.

J'aurai donc à m'occuper d'une question d'intérêt public, à l'isoler, chemin faisant, du contact envenimé des passions qui l'ont défigurée; mais tout en la simplifiant sous ce dernier point de vue, je n'en profiterai pas moins des détails où cette question doit m'engager, pour donner à mes vues, sur les moyens généraux d'agrandissement et d'illustration dont Bourbonne est susceptible, un caractère d'ensemble et de solidarité qui ne servira qu'à mieux justifier celles dont je me suis déclaré partisan.

Voilà comment je remédierai d'abord au déplacement d'une discussion qui, sans cela, paraîtrait ici trop privée de ses alentours et de ses antécédents nécessaires. Aucun moyen ne sera négligé pour tirer un parti même avantageux du changement forcé qui s'est opéré dans la succession naturelle des parties de mon ouvrage; et j'espère y parvenir. Enfin, j'achèverai d'obvier aux très-faibles inconvénients de cette transposition bien motivée d'ailleurs, en rattachant de loin à son sujet, par une indication d'analogie faite à propos, la matière du complément que je dois donner à mes idées sur les améliorations dont Bourbonne peut devenir, à l'aide de ses revenus et du temps, l'objet. C'est ainsi que, malgré les prétentions d'une inconcevable animosité, je ressaisirai le lien de mes travaux qu'elle aurait voulu rompre, et que ses tiraillements n'ont fait qu'allonger.

Mais pour user du droit d'occuper moi-même un peu la scène, il ne me suffirait pas d'avoir à montrer que je n'ai pas démérité de l'estime publique, et que, dans le cours des tracasseries dont on m'a rendu l'objet, j'ai su conserver les avantages de ma position. Il faut que la cause du débat soit importante, et se rattache à des occupations d'un genre utile; il faut que le sujet de ces mêmes occupations se lie de près, par les motifs du choix qui l'ont dicté, à ce qu'il y a de plus respectacle et de plus digne de ménagement dans les impulsions du cœur et de l'esprit.

C'est alors seulement, c'est à ce point d'heureuse combinaison qui repousse un alliage impur et dont les éléments ne sauraient être déplacés, que la prétention d'en attaquer le sujet, téméraire d'abord, ou tout au moins imprévoyante, aigrie bientôt par la rencontre des premiers obstacles, enfin poussée par tous les degrés d'une aveugle et toujours croissante irritation jusqu'à l'épuisement des moyens, peut donner à la résistance un caractère de dignité qui la rend susceptible d'un véritable intérêt.

Ma position, relativement à mes agresseurs, a toujours été celle dont je viens d'exprimer ſigurément l'idée. C'est ici que j'ai lieu d'éprouver combien il est satisfaisant pour moi de n'avoir cédé qu'aux inspirations d'une conscience droite, au sentiment d'une conviction suffisamment éclairée, fermement établie, qui, me permettant de ne chercher un appui que dans la bonté de ma cause et d'y puiser une assurance imperturbable, a préservé ma sensibilité des écarts auxquels aurait pu la conduire un besoin trop impétueux de récriminations, bien naturel au fond, mais non moins fâcheux dans ses résultats, que peut-être inconvenant dans les formes de son développement.

J'aurai de plus à me féliciter, en cette occasion, de ce que le projet dont j'ai développé les avantages, ait été détaché d'un ordre d'idées assez élevé, pour en pouvoir associer utilement la défense à la considération des intérêts matériels et moraux de Bourbonne.

En effet, mettant à part ici tout ce qu'il y a de vraiment fâcheux dans l'obligation d'infliger à mes détracteurs une peine de conscience, inévitable pour eux, la matière de cette introduction n'a-t-elle pas, avec la tendance et l'intention générale de mes études sur Bourbonne, un rapport frappant de haute conformité?

Non, je ne pouvais aborder plus dignement mon sujet qu'en l'embrassant à la fois dans la combinaison des sentiments et des idées qui seules en devaient justifier, légitimer, consacrer l'entreprise, et qui dominaient ses résultats.

Ce mémoire, en effet, ne doit être qu'un exposé des circonstances au milieu desquelles j'ai long-temps mûri le dessein d'être utile à ma ville natale, et des pensées qui présidaient à la conception du travail important dont je donnerai successivement les produits. L'esprit de mon ouvrage y sera tout entier; mais de plus, et par un concours assez heureux de causes imprévues, on y rencontrera l'examen d'une assez grande question d'intérêt public, et si je puis m'exprimer ainsi, un aperçu de l'état moral de Bourbonne, à l'époque où j'écrivais.

L'idée mère et fondamentale de cet écrit doit être maintenant bien connue, bien appréciée : son véritable but est fixé. Toutes les questions dont il se composera du commencement à la fin, sans exception, sans réserves aucunes, y seront subordonnées rigoureusement au besoin de ma propre justification devenue nécessaire. C'est effectivement sous ce point de vue, sinon le plus important, du moins le plus général et le plus approprié à l'obligation d'en ramener solidairement toutes les parties à la légitimité finale de son objet, que je dois le présenter. Je le dois ainsi par deux raisons dont la première est logiquement inhérente au besoin de donner à la conception de ce mémoire un caractère d'unité; la seconde enfin moralement fondée sur celui d'en justifier la forme et la tendance.

On sentira plus tard, en effet, combien il était important pour moi de me retrancher ici dans l'emploi mesuré des seuls moyens de justification dont la légitimité fût strictement incontestable au nombre de ceux qui sont en mon pouvoir, et que je dois enfin diriger contre mes véritables agresseurs.

Ils ont pu faire croire un moment, à l'aide des interprétations les plus téméraires, et des plus insidieuses calomnies, qu'en présentant un projet d'utilité publique à l'administration, j'avais pris contre elle une initiative offensante : ils n'ont fait en cela que tromper cette administration, troubler la nature des relations qui peuvent exister entre la manifestation convenablement exprimée des vœux d'un citoyen qui se livre à des travaux utiles, et les décisions de l'autorité compétente. Ils n'ont fait ainsi qu'abuser des avantages d'une position dont je les crois dignes encore aujourd'hui, mais qu'ils auraient pu, cette fois du moins, mieux garder.

Aujourd'hui que, malgré l'honorable appui dont cette autorité même a bien voulu me laisser des marques nombreuses et distinguées, l'exécution d'un projet dont elle a reconnu la grande utilité paraît ajournée, je dois lui faire agréer les motifs au nom desquels je viens reproduire ici la discussion de ce projet.

Je le dois pour obvier au danger, toujours existant, des interprétations que la mauvaise foi pourrait de nouveau donner à cet acte nécessaire de ma justification.

N'est-il pas bien naturel en effet qu'ayant été persiflé, décrié, calomnié, pour avoir été conduit par le genre de mes études à proposer, en temps opportun, l'exécution d'un projet qui m'avait paru bon, je vienne ici puiser dans la considération des avantages sous le point de vue desquels il avait pu me séduire, un puissant moyen d'en justifier la présentation contre ceux qui n'ont cessé de prêter aux différents actes qui l'ont accompagnée, suivie, soutenue, un coupable et déshonorant mobile?

Il est certain que plus les avantages du projet dont l'étrange aveuglement de mes accusateurs a seul éveillé, provoqué la défense, auront été bien appréciés, plus je trouverai mes lecteurs accessibles au sentiment dont j'ai besoin qu'ils soient pénétrés en ma faveur, et plus aussi se laissant aller à l'entraînement des raisons dont j'avais nourri ma pensée, ils repousseront dès l'abord, avec un insurmontable dégoût, les insinuations mensongères et perfides dont mon honneur et ma réputation de citoyen sociable ont long-temps souffert.

Ici, je commence à penser que déjà mes détracteurs un peu confus du rôle qu'ils ont joué contre moi, ne seraient pas fâchés d'éluder mon approche et d'abandonner la lice où leurs défis m'ont fait descendre. Ils n'ont pas vu, sans en être un peu troublés, les apprêts d'une confrontation; mais quoique leur aveuglement puisse encore excuser à mes yeux la témérité de leur entreprise, il est temps de le dissiper. La patience même a des bornes au-delà desquelles sa longanimité pourrait être qualifiée de faiblesse, ou d'impuissance ou d'inaptitude, à changer d'état.

Ils essaieront peut-être, et je n'en serais pas très-surpris, car ils ont déjà même eu recours à ce petit moyen, de nier la réalité des provocations qu'ils ont fait arriver jusqu'à moi, sous toutes les formes et dans toutes les directions, de loin comme de près, quelquefois à découvert, en face, et le plus souvent à l'écart et dans l'ombre. Ils diront que l'idée de ces provocations n'a pû se développer qu'au foyer trop ardent d'une imagination prévenue dont ils se plairont même à signaler en moi les caractères. Ils se flatteront ainsi de faire tomber à faux ma défense, en la montrant sous un aspect ridicule et comme un aveugle effet du besoin dont je serais possédé de me créer des illusions, pour avoir le plaisir de les combattre aux dépens du premier venu; mais il n'est plus temps de recourir à ces vains détours. Avant de chercher ainsi des travers à mon imagination, ne devrait-on pas en avoir acquis le droit, par un genre d'habileté quelconque à déconcerter en moi ce raisonnement dont elle est ici l'esclave et qui la maîtrise en sévère dominateur.

Il serait donc assez maladroit de réitérer sur ce point des tentatives d'évasion. La lice est déjà fermée de ce côté. Je sais d'où les coups sont partis, comment ils ont été portés, comment ils m'ont frappé. Les persécutions sont avérées, authentiques; elles ont trouvé même un appui respectable, et n'ont été détournées, généreusement arrêtées, qu'après l'avoir un moment surpris.

Il est à propos cependant d'avouer ici que mes accusateurs ont fait preuve d'une expérience consommée dans l'art de nuire ou de faire nuire et d'y procéder honnêtement. Cet art est aujourd'hui si perfectionné, tellement en rapport avec la mobilisation de notre esprit public et les habitudes de la bonne compagnie, qu'il est devenu presque libéral, et qu'on a le plus souvent mauvaise grace à ne pas le trouver très-plaisant, même alors qu'on est victime. Il est aujourd'hui le complément nécessaire et le *nec plus ultra* de l'éducation, chez celui qui veut assurer son chemin dans le monde, où le premier pas à faire est de sacrifier entièrement son caractère et ses habitudes privées, ses goûts, ses affections même les plus nobles, et son langage, à ces formes, à cette physionomie d'emprunt qui semblent appartenir à tous et qui n'appartiennent à personne.

Malheur donc au premier qui, par imprévoyance

ou par un certain sentiment de la propriété de soi-même, aurait négligé de se façonner à cette allure, à ce *decorum* obligé sans lequel il ne lui serait pas permis d'avoir impunément les qualités d'une ame honnête. Il y a dès-lors imminence d'un grand danger pour lui. Le moindre est de passer pour un frondeur, un homme de très-mauvais ton qui se mêle de penser avec son esprit, d'agir avec sa conscience, et d'avoir des idées, tandis qu'il aurait pu les trouver ailleurs et les ramasser toutes faites. On a l'art de lui créer ainsi des torts, et de prêter à ses raisons de conduite un motif secret d'opposition contraire à ses principes; et si, par hasard, il vient à s'en apercevoir, à s'en défendre, il n'est plus décidément qu'un *homme à systèmes*, un brutal, un brouillon qui n'est pas seulement à l'A B C du savoir vivre, et qu'il faut rayer des tableaux civils de la société.

Un caractère encore assez frappant qui se présente à mes observations dans cette espèce de culte essentiellement délicat, mais trop banal aujourd'hui, qu'on adresse au génie du mal, est qu'il ne faut pas toujours un bien haut degré de méchanceté pour y réussir. A peine en pourrait-on calculer d'avance et juger les applications, tant elles sont d'abord éloignées du principe, indirectement préparées, doucement ménagées! C'est ainsi qu'on arrive à des résultats dont la responsabilité devient, d'autant moins pénible à supporter, qu'elle est moins immédiate et souvent divisible à l'infini.

J'aime à penser que mes premiers accusateurs auraient été moins ardents peut-être à commencer l'œuvre de ma diffamation, moins empressés plus tard à la suivre, à la consacrer, si d'abord ils en avaient senti les conséquences, et si, quand ils ont pu les entrevoir, ils n'eussent pas acquis déjà plusieurs moyens d'en soulager leur conscience et d'en éluder la responsabilité : ce n'est pas toujours en effet d'après un système isolé d'actions qu'il faut juger une conduite entière. Il peut arriver souvent que les mêmes hommes auxquels on aurait à reprocher, en certaines occasions, d'assez grands écarts et tous les déréglements d'une implacable animosité, portent d'ailleurs, au milieu de la société, des sentiments habituels et soutenus de loyauté, d'honneur et de circonspection qui sont les vrais attributs de leur caractère, et d'après lesquels il faut surtout les juger.

Ceux dont je me plains n'ont pas daigné considérer que, retranché par la nature de mon état dans un ordre d'idées, d'habitudes et d'affections qui subjuguaient mon esprit, l'enchaînaient à des travaux sérieux, je ne pouvais avoir émis légèrement une opinion.

Ils n'ont pas senti qu'il y avait de la témérité d'abord à m'appliquer des jugements d'une certaine nature; et quand je leur eus donné lieu de s'en apercevoir, alors ils ont pensé qu'il n'était plus temps pour eux de rétrograder. Un amour propre assez mal entendu s'était déjà mis de la partie.

Je ne puis cependant ménager un intérêt de cette nature au point d'y sacrifier mon honneur; et c'est déjà bien assez pour moi d'avoir à penser, en ce moment, que mes accusateurs, après avoir assis, fondé sur ma ruine morale, une indigne et froide spéculation, pourraient chercher encore à triompher de l'embarras que j'éprouve à soutenir ici, devant mes lecteurs, un rôle forcé.

Peut-être ils diront que soit à raison, soit à tort, ils sont venus à bout d'engager, de faire entrer l'administration dans les intérêts de leur amour propre, et que la justification dont j'ai besoin contre eux ne peut manquer aujourd'hui d'offenser cette autorité. Je sais bien qu'en effet leur but a toujours été de me créer des embarras de cette nature, afin de pouvoir impunément donner un libre cours à leur animosité. Cette nouvelle spéculation n'est pas très-généreuse, ils en seront d'accord avec moi; mais elle est adroite, et j'en serai d'accord avec eux.

Ils n'en obtiendront cependant pas tous les résultats qu'ils s'étaient promis. Je connais mes devoirs envers l'autorité : je ne les trahirai pas, au détriment d'une cause où je puis m'honorer d'avoir été soutenu par elle, et d'avoir eu pour appui M. le Préfet du département.

Peut-être diront-ils enfin que je viens trop tard,

et que malgré toutes les bonnes raisons dont j'aurais à me prévaloir aujourd'hui, la raison de fait est pour eux. Je le veux bien, messieurs; mais si vous avez eu besoin de me calomnier près de l'autorité pour en venir à bout, maintenant que vous paraissez maîtres de je ne sais quels résultats, les moyens qui vous les ont fait obtenir ont pour vous sans doute un peu moins d'importance; et d'après cela, quand je viens lever l'interdiction qne vous avez tenue long-temps apposée sur les sentiments du public à mon égard et sur ceux de l'administration, j'ose espérer que vous ne le trouverez pas mauvais. Cessez donc de m'interrompre et d'embarrasser, d'allonger inutilement ma défense.

On sait déjà que celle-ci sera fondée sur l'examen de plusieurs questions d'utilité publique, à Bourbonne, inhérentes à l'objet particulier de sa statistique. Il m'est donc ainsi bien permis d'espérer que ma justification ne sera pas dénuée d'intérêt, comme on voudrait essayer de le faire croire. Elle n'a rien de personnel au fond. Sous le même rapport, elle n'a rien d'illégitime : en effet, les questions dont il s'agit sont essentiellement abandonnées à la discussion; mais comme en raison de quelques antécédents fâcheux, l'acte de cette discussion pouvait donner prise encore à la manie des interprétations dont mes agresseurs ont fait un si bel usage, il était très-important pour moi d'ajouter un titre de plus aux conditions relatives de sa légitimité dans la forme, en ne le présentant à l'administration que comme un moyen de justification dont je devais m'attacher, ainsi que je l'ai fait d'abord, à démontrer le besoin.

Plus tard on verra que la pensée dont je viens d'offrir en peu de mots le développement n'a pas cessé de présider à tous les détails de ma conduite, et qu'en la mettant en pratique aujourd'hui, je ne fais absolument que sanctionner une succession non interrompue d'efforts entrepris dans le même but, et qui n'en ont jamais été détournés.

Je ne sens plus rien qui me gêne et m'empêche actuellement d'aborder la question des intérêts généraux de Bourbonne. Elle est fondamentale, et mes lecteurs y voudront bien prêter leur attention.

II. Je dois, en abordant la discussion de ces intérêts, mettre mes lecteurs en position d'y procéder méthodiquement avec moi; mais comme je m'en suis occupé déjà dans certains écrits qu'on a pris à tâche d'incriminer, je ne puis mieux réussir à préparer ma propre justification, qu'en empruntant à ces écrits l'exposé des considérations préalables auxquelles j'avais dû subordonner mes vues.

Le passage qui va suivre est textuellement extrait d'un mémoire particulier que j'ai eu l'honneur d'adresser à M. le Préfet de la Haute-Marne, en date du 17 novembre 1823.

« Il est un grand principe duquel il ne faut jamais se départir en matière d'embellissements publics;

Ces embellissements ne doivent pas être conçus d'une manière isolée, mais enchaînés dans un plan général ; et ce plan doit lui-même être fondé sur une connaissance parfaite des localités, des moyens d'industrie et de développement dont une ville est susceptible, afin que la répartition des établissements publics et leur objet soient bien déterminés. Cette précaution met à l'abri des erreurs et des faux calculs. Elle a pour effet de prévenir efficacement toute espèce de dépenses et d'opérations dont l'objet ne serait pas en parfait accord avec les besoins généraux d'une commune. Eh bien, le cas actuel est du nombre de ceux qu'il importe surtout de subordonner à ces principes de haute prévoyance. Le moment est venu de les appliquer : toutes les entreprises relatives à l'illustration de notre ville dépendront plus ou moins de la direction des travaux que nous sommes à la veille d'entreprendre ; et si ces mêmes travaux sont bien conçus, l'année qui les verra commencer sera véritablement l'ère de notre agrandissement. »

C'est d'après ces premières données dont la justesse est depuis long-temps reconnue, sanctionnée par le gouvernement dans les applications qu'il en fait lui-même à l'administration générale des travaux publics, que j'avais cru devoir aborder l'examen des plans particuliers dont l'exécution pouvait concerner Bourbonne. Il n'est pas sans intérêt pour moi de rappeler ces antécédents, puisque la manifestation de mes vues à cet égard a paru presque séditieuse, et qu'on leur a prêté des motifs indignes, aussi contraires à mes sentiments, qu'étrangers à ma conduite.

Il est certain que, si jamais le principe que je viens d'invoquer a dû sembler d'une indispensable et juste application, c'était surtout dans le cas particulier dont j'avais à m'occuper. En effet, le gouvernement possède à Bourbonne deux établissements relatifs à l'exploitation de nos eaux thermales et dont sa munificence nous a dotés. Fondateur de l'un, restaurateur de l'autre, administrateur et propriétaire de tous deux dans l'intérêt d'une classe assez nombreuse d'êtres souffrans dont il s'est ainsi constitué le bienveillant médiateur auprès de nous, qui ne manquons pas d'en bien profiter; n'aurait-il pas d'abord, à ce titre respectable, acquis le droit de se faire envisager comme partie intéressée dans l'objet de nos travaux, quand même il n'en serait pas, avant tout, le juge légitime, quand même on aurait d'ailleurs été tenté de décliner la haute juridiction qu'il s'est réservée sur toutes les parties de l'administration des communes dont il est la providence éclairée?

Mais ce qui doit concourir encore à justifier le principe important qui n'a cessé de présider à mes observations comme à mes travaux, c'est que l'acquisition de l'établissement des bains civils en 1812, et sa restauration sous les auspices du Gouvernement qui n'en a pas abandonné l'œuvre un seul instant, depuis cette époque, offrait une sorte de coïncidence avec l'autorisation récemment concédée par lui, d'appliquer à l'embellissement de Bourbonne une partie des fonds provenant de la réserve de nos bois, dont il avait lui-même, en des temps plus reculés de sage prévoyance, assuré la conservation, garanti l'intégrité, déterminé le mode d'emploi par des ordonnances et des réglements favorables au maintien comme au développement de la prospérité des communes.

Le genre d'intérêt particulier qui se rattache à l'exploitation de nos sources bienfaisantes, était donc en ce moment devenu plus que jamais solidaire des intérêts généraux de l'administration publique en France; et sous ce rapport, à peine nous serait-il actuellement permis de refuser notre concours au développement d'une aussi noble utilité, quand même à force d'aveuglement nous en serions venus au point de nier les avantages de toute nature et les incalculables profits que la ville en a tirés depuis l'origine de sa fondation, quand même, encore aujourd'hui, nous voudrions nous soustraire à la considération des causes inépuisables de prospérité dont la médiation du gouvernement devient, à notre égard, une garantie de plus aussi précieuse qu'honorable.

Il est, j'aime à le croire, assez inutile de lutter contre une opinion qui tendrait à déprécier nos eaux thermales et même à contester presque sérieusement la réalité des profits que Bourbonne a lieu d'en tirer annuellement. Qu'il me soit cependant permis de rappeler d'abord à ce sujet les considérations dont je m'appuyais il y a près de deux années, dans un premier mémoire imprimé au mois de mai 1823.

Après avoir considéré le projet que j'avais soumis à l'administration locale, dans ses rapports avec les besoins d'un chef-lieu de canton dont elle avait surtout paru préoccupée, je continuais de la manière suivante :

« Il me reste à l'examiner dans ses rapports non moins essentiels avec l'objet d'un établissement dont la nature a fait les premiers frais à Bourbonne, et que la munificence du gouvernement vient d'élever récemment encore au-dessus de tous les établissements du même genre qu'on puisse nommer en France.

« Bourbonne est, avec Barèges, la seule ville qui réunisse à ses bains civils un hôpital militaire entretenu par le Gouvernement. Son établissement thermal est complet. Le bâtiment des bains civils et l'hôpital militaire sont également à remarquer sous le rapport de leur construction et de l'ordre qui préside à leur entretien. Il est pénible d'être obligé d'avouer que l'efficacité naturelle de nos eaux ne soit pas secondée par les moyens de distraction et d'agrément dont le concours seroit si nécessaire à l'entier complément de leur action.

« Les étrangers se plaignent chaque année de la stérilité ou du manque absolu de nos ressources contre l'ennui qui les assiége, et qui, sans doute, est le plus cruel ennemi des malades éloignés du centre de leurs affections et de leurs habitudes. Il est certain que nous ne sommes pas rigoureusement tenus d'aller au-devant de tous les désirs qu'il leur plairait de manifester. C'est l'eau thermale qu'ils viennent chercher à Bourbonne, et non pas nous personnellement. Nos relations avec eux ne sont, j'y consens, qu'un échange intéressé de services que nous leur rendons et d'argent que nous en recevons. Voilà, pour me conformer à la manière de voir de certains esprits, la mesure de nos rapports avec les étrangers. Je veux bien, pour le moment, n'y rien voir autre chose; eh bien! je n'en serai que plus fort à prouver qu'il est de notre intérêt de ne rien négliger pour rendre le séjour de notre ville aussi agréable que nos ressources et notre position le permettent. Il n'est pas douteux que si Bourbonne a pris l'accroissement que nous lui voyons maintenant, c'est à la fréquentation de ses eaux qu'il le doit en grande partie; mais il faut convenir aussi que nous sommes demeurés sous ce rapport infiniment au-dessous de certaines villes dont les eaux sont moins justement réputées que les nôtres, et qui pourtant se ressentent plus avantageusement de la présence des étrangers.

« Quelle est la cause de cette inégalité préjudiciable au développement de notre première industrie? Nos eaux seraient-elles moins efficaces ou plus dangereuses que d'autres? L'excellence de leurs propriétés est au contraire si reconnue que le gouvernement s'est attaché d'une manière spéciale à compléter notre établissement thermal. La fondation d'un hôpital militaire en 1732, l'agrandissement de nos bains civils et les dépenses considérables que des améliorations successives y ont nécessitées depuis quelques années, sont une preuve incontestable de la haute considération dont Bourbonne s'est rendu digne aux yeux du gouvernement, par l'efficacité de ses eaux thermales. Elles ne sont pas *indifférentes*, dit-on; mais ce propos, devenu banal, et qu'on a répété trop légèrement, ne signifie pas qu'elles soient dangereuses: il indique seulement qu'elles sont actives et douées de propriétés réelles. C'est un avertissement dont le médecin qui les emploie doit profiter, pour ne les administrer qu'à propos. »

Ne doit-il pas sembler bien étrange et même affligeant, que, parmi les habitans de Bourbonne, il y en ait encore aujourd'hui d'assez prévenus pour oser protester contre la direction des travaux qui tendraient à nous rendre l'opinion des étrangers plus favorable? Il en existe pourtant : combien de fois, en effet, n'ai-je pas entendu répéter légèrement que la trop grande activité de nos eaux et le danger d'en faire usage, à moins qu'on n'en ait un véritable besoin, seront toujours un titre fâcheux d'exclusion pour elles, aux yeux des étrangers; que les malades qui s'y rendent, n'y venant que pour cause d'affections très-graves et forcément en quelque sorte, il est inutile de songer à leur procurer des agréments dont ils ne seraient pas en position de profiter, et qui ne sauraient contribuer d'ailleurs à les attirer dans notre ville; enfin que cette affluence d'étrangers n'est pas avantageuse à toutes les classes d'habitants, qu'elle est même préjudiciable à quelques-unes, on ne dit pas lesquelles; et que, par ces différentes raisons, nous devions laisser au seul gouvernement toute la charge des dépenses et des frais qu'il lui plairait de voir appliquer à l'illustration d'un établissement dont il a le monopole, et qui n'intéresse avec lui qu'un nombre assez limité d'individus!

Que répondre à cela?...

Si jamais l'action de nos eaux thermales a pu sembler dangereuse et susceptible d'inconvénients, ce ne peut avoir été que très-accidentellement, à des époques et dans des circonstances où leur administration n'était pas encore aidée par un heureux concours de moyens, ni soumise à des réglements bien sévères, où l'expérience de leur usage, aux prises avec les déceptions d'un enthousiasme local et routinier, n'avait pas été encore suffisamment épurée, guidée par la noblesse des considérations nées du perfectionnement des connaissances médicales, et qui doivent élever de plus en plus ceux qu'on en voit aujourd'hui les dépositaires, au sentiment de leur dignité, comme à la haute préocupation des intérêts généraux de leur science.

Il est bien évident que rien ne saurait aujourd'hui soutenir et légitimer, sous aucun point de vue, la dépréciation des eaux de Bourbonne. Les importantes et nombreuses améliorations que le gouvernement s'est empressé d'appliquer au service intérieur de l'établissement des bains civils, où l'on peut se procurer maintenant tous les moyens de modifier, de diriger convenablement l'action de la douche et du bain, la facilité d'en approprier l'usage et les différents exercices au tempérament comme à l'état particulier du malade, enfin la connaissance plus approfondie de leurs propriétés chimiques et médicales, sont autant de garanties bien propres à nous faire désormais reléguer dans la classe des préjugés les défavorables interprétations que l'on pourrait donner encore au degré d'activité qui les distingue de tant d'autres, et qui n'est réellement qu'un titre de prééminence relative dont il vaudrait beaucoup mieux chercher à donner la mesure.

Quant au reste des objections que j'ai pris la peine de citer, les faits ont assez répondu. Bourbonne ne doit qu'à ses eaux l'importance et l'aggrandissement qui l'ont élevé depuis long-temps bien au-dessus des communes et des autres chefs-lieux de canton dont il est environné comme de sa banlieue, dans un rayon très-étendu. Du reste, les produits de notre sol et nos vins surtout s'écoulent assez bien; nous voyons le commerce s'enrichir. Une aisance générale se répand dans le pays; et ceux même qui ne l'aperçoivent pas, ou ne voudraient pas l'apercevoir, en profitent.

Ces malades enfin qu'on se plaît à nous représenter comme incapables de songer à leurs plaisirs et d'apporter à nos eaux la préoccupation de cette idée, nous les voyons souhaiter les réunions d'agrément, rechercher les promenades, en un mot, toutes les occasions de désennui. Nous les entendons chaque année se plaindre d'en manquer; et cela doit peu nous surprendre. En effet, dans le nombre des maladies, même les plus graves, à la guérison desquelles on peut faire concourir efficacement les eaux thermales en général, ou celles de Bourbonne en particulier, il en est très-peu dont le traitement ne soit compatible avec le besoin de se distraire et le pouvoir d'en chercher les occasions.

Cette compatibilité même est tellement avérée, qu'au milieu des opinions contradictoires ou restrictives élevées par les médecins sur le degré d'efficacité des eaux minérales, il est généralement accordé par eux que ce moyen de traitement dirigé contre les affections chroniques est éminemment salutaire en ce qu'il devient pour les malades une cause de diversion puissante à l'état de souffrance morale et de découragement qu'un genre de vie trop sédentaire et que l'uniformité d'un traitement domestique entretient le plus souvent dans leur esprit.

Les circonstances du voyage et d'un déplacement dont l'espérance est le mobile assidu, l'impression d'un air et d'objets nouveaux, l'interruption des habitudes au souvenir desquelles était depuis long-temps attachée la pensée du retour inévitable des mêmes souffrances ou de leur continuité, l'éloignement des lieux qui les ont vues naître et se développer, les exercices variés dont l'usage des eaux thermales est accompagné, la nouveauté frappante du régime, enfin, par toutes les raisons, la secousse favorable imprimée généralement à l'esprit : telles sont les causes préparatoires d'une amélioration dans l'état des malades et d'un changement qui sous l'action des eaux semble ne pouvoir encore être entièrement obtenu que par une heureuse combinaison d'accessoires nécessaires, en sujets de distraction, comme en moyens soutenus d'agrément.

La convenance de cette association paraît avoir été mise en fait et tacitement reconnue, même avant qu'on ait songé peut-être à l'établir en principe. On doit reconnaître du moins que l'abus des ressources d'agrément dans certaines villes en a suivi parfois l'usage, et que ces villes, après avoir été le rendez-vous des malades auxquels d'abord on avait sagement procuré quelques sujets de distraction nécessaires ou convenables à leur état, sont insensiblement devenues le rendez-vous des oisifs en faveur desquels on a vu se multiplier dans une vicieuse direction les moyens de plaisir et d'amusement; mais l'abus n'exclut point l'usage, il n'en est pas inséparable et ne peut en autoriser la réprobation, surtout à Bourbonne où la surveillance combinée de la police municipale et des personnes du Gouvernement peut doublement concourir au maintien du bon ordre et des conditions de la santé publique.

Loin que notre ville soit en elle-même incompatible avec la juste ambition d'y attirer, d'y fixer les malades au nom de l'agrément qu'ils pourraient y rencontrer, il en est peu qui paraissent le comporter davantage. En effet, sans parler de son étendue qui, la plaçant au-dessus de la plupart des autres lieux dont les eaux sont fréquentées, permet d'y recevoir une quantité considérable d'étrangers, n'avons-nous pas de plus encore un hôpital militaire qui nous assure chaque année la visite d'un assez grand nombre d'officiers de tout grade? Il ne devrait pas sembler douteux d'après cela, que si, par un concours bien entendu de causes propres à favoriser les réunions, la ville avait à disposer de localités convenables, ces réunions ne devinssent suivies, fréquentes, et qu'on ne pût en approprier les heureuses conséquences à l'organisation bien ordonnée d'un système de moyens dont le temps nous aiderait à multiplier, à diriger sagement les applications dans l'intérêt de la ville et des étrangers.

Ce n'est pas encore ici le lieu d'indiquer en quoi devroient consister l'application des principes invoqués depuis long-temps dans mes écrits et dont je viens de présenter l'ensemble. En attendant, qu'il me soit permis de résumer en peu de mots ces principes, et de les justifier sous un dernier point de vue.

Je me suis attaché particulièrement à prouver que l'importance de Bourbonne était essentiellement fondée sur ses eaux thermales et sur leur exploitation. que les intérêts de cette ville étoient solidaires de ceux des malades étrangers qui fréquentent ses eaux; que cette solidarité d'intérêts dont l'existence de fait est depuis long-temps reconnue, librement consentie, bien qu'on ait osé la désavouer, a de plus acquis la sanction du droit, sous les auspices du gouvernement déjà fondateur de l'établissement des bains militaires, et qui par l'acquisition des bains civils a plus que jamais légitimé, cette réciprocité d'obligations dont il est ainsi devenu le médiateur, et que par toutes ces raisons nous ne devons pas éluder.

C'est ici que je dois enfin répondre à l'une des objections qui m'ait le plus vivement affecté; il en est peu dont le coup préparé de plus loin m'ait été porté de plus près. Il n'en est peut-être point qu'on ait dirigé plus avant, contre mes sentiments d'honneur au sein d'une ville, au milieu d'un public, envers lesquels ma qualité de concitoyen résidant, m'a fait contracter des obligations de famille et des liens nombreux d'affections.

On m'a fait entendre que j'encourais la qualification de dénonciateur, en invoquant l'intervention du gouvernement dans les affaires de la commune : on m'a reproché d'avoir, en quelque sorte, compromis les intérêts moraux de Bourbonne, en attestant le vœu des étrangers dont la fréquentation fait sa richesse et l'éloge de ses sources. A quoi tendaient ces incriminations spécieuses? à me faire considérer comme traître à certaines obligations que j'aurais eu particulièrement à remplir, envers ma ville natale où j'étais venu faire élection de domicile et chercher les moyens d'exercer mon état.

Je dois déclarer en premier lieu que je n'ai jamais provoqué l'intervention des étrangers, ni prétendu les faire assister à nos démêlés de famille. Ils n'ont eu, jusqu'à présent, de ces démêlés qu'une idée très-confuse; et si leur opinion s'est montrée conforme à mes vues, je puis l'attester ici comme un aveu libre et spontané des sentiments qui sont les leurs et que je n'ai point arrachés. Il est vrai cependant que si je n'ai pas cru devoir invoquer leur compétence, au moins ne l'aurais-je pas malhonnêtement récusée. Il était même entré, je l'avoue, dans les habitudes de mon esprit, de ne pas les traiter absolument en étrangers. J'avais pensé, j'avais même dit qu'ils étaient notre famille encore et l'honorable parenté de Bourbonne.

Mes lecteurs ont du reste sous les yeux toutes les preuves du délit. Je m'abandonne à leur décision. Jamais ce délit n'aura paru plus flagrant qu'aujourd'hui. J'ai comblé la mesure ; et les pages précédentes en sont contre moi de nouveaux témoins que je ne songe point à récuser.

Quoi? j'aurais pu m'exposer à la qualification de dénonciateur, en défendant, près du gouvernement, les intérêts fondamentaux de Bourbonne? Il y a d'abord au fond de cette affaire un mal-entendu qu'il est inutile de détruire ; il y a de plus extension vicieuse, abus de mots, contradiction de termes ; et mes accusateurs le savent, eux qui n'ont cessé de me poursuivre au nom de ce même gouvernement dont ils appelaient sur moi les anathèmes et les malédictions.

N'est-il pas étrange et vraiment bien singulier qu'on ait pu fonder séparément, l'œuvre de mon discrédit complet sur des éléments si contradictoires, et que je me sois à la fois trouvé, près du gouvernement, l'ennemi de ses intérêts à Bourbonne, et près de mes concitoyens, son défenseur exclusif aux dépens de la commune?

Tout lésé que je sois, je sais modérer ma plainte,

et l'accent de mes justes récriminations. Les voici que je vais faire entendre, et mes agresseurs en sentiront la portée.

Qui défendait le mieux les intérêts de Bourbonne, ou de celui qui les rattachait à la considération du développement de sa première et principale industrie dont les moyens faisaient depuis long-temps l'objet de ses études les plus chères, ou de ceux qui par la voie des personnalités, conduits au besoin de déprécier ses vues, d'en avilir et d'en incriminer les motifs aux yeux de l'administration, s'opposaient de la sorte à cette heureuse fusion d'intérêts dont la solidarité, tout obligatoire et légitime qu'elle soit, n'a rien pour cela d'attentatoire aux prérogatives, aux libertés de la commune qui peut s'en faire honneur au contraire, et qui la première y trouvant son avantage, a dû s'empresser d'en adopter le principe et d'en signer implicitement les conditions ?

J'abandonne à ceux qui m'ont tant calomnié le soin de répondre à cette interrogation qui vient de m'échapper contre eux de la hauteur du point de défense où la multiplicité, la continuité de leurs attaques en tous sens, a dû m'élever progressivement.

Toutes les fois que cet écrit me ramène aux points véritablement élevés de ma justification, c'est toujours, on le reconnaîtra, par une ligne de gradations subordonnées au point de vue médical ; et c'est en effet ce qui devait arriver.

J'avais dit au sujet de Bourbonne :

« Il n'est cité comme chef-lieu de canton que dans les géographies et dans sa banlieue ; mais par ses eaux minérales, il est cité dans toute la France. »

On sera d'accord avec moi pour le répéter.

C'est donc en médecin surtout qu'il fallait étudier Bourbonne ; et c'est ce que j'ai fait. Je ne prendrai pas plus haut mes positions.

Le moment est venu d'appliquer les études précédentes à la question de ses besoins actuels, examinés dans leur ensemble et d'une manière générale, isolés enfin de toute question spécialement relative aux moyens d'y répondre. On sentira que cet examen devait non-seulement précéder celui des différents projets soumis à l'administration, mais de plus en être séparé par une ligne essentielle de démarcation.

III. La question des besoins actuels de Bourbonne et celle des moyens d'y subvenir ont une liaison nécessaire : en effet, plus les uns seraient bornés, moins on pourrait satisfaire aux autres. Il doit me suffire ici d'indiquer en peu de mots la nature de ses ressources et d'en donner approximativement une idée première et générale, en attendant que le moment soit venu d'y consacrer particulièrement mon attention.

Les ressources principales de la commune et les seules, pour ainsi dire, dont elle ait à disposer, sont en nature de bois. Une partie de ceux-ci constitue la base de ses revenus annuels, et l'autre désignée sous le nom de *réserve* est affectée spécialement aux dépenses extraordinaires que l'administration peut juger nécessaires ou convenables et que le gouvernement seul à le droit d'autoriser.

Mes lecteurs voudront bien observer que ces données, n'étant qu'accessoires au sujet de ce mémoire et relatives au besoin d'en expliquer certaines parties, ne doivent pas s'étendre au-delà de cette obligation qui seule est la mesure du développement que je puis leur accorder.

Cela posé, comme les vues particulières dont je suis maintenant préoccupé sont inhérentes à des projets dont l'exécution rentre dans la classe des dépenses extraordinaires fondées sur l'emploi des bois réservés, cette partie de nos ressources est la seule en ce moment dont l'indication ne soit pas étrangère à mon travail.

Il ne faudrait pas inférer de là que mon dessein fût d'éluder l'importante appréciation du rapport essentiel et constant qui doit subsister entre les dépenses extraordinaires d'une commune et ses revenus annuels appelés à l'entretien des nouveaux objets d'utilité publique qu'elle aurait pu se créer. Non, la vue de ce rapport est présente à mon esprit. Je sais très-bien que ces différens genres d'intérêts doivent être balancés les uns par les autres et qu'il serait imprudent de créer un établissement quelconque avant d'avoir examiné comment on pourra subvenir à son entretien; mais cette difficulté, comme on le verra, peut être levée facilement, si déjà même, elle n'est pas entièrement résolue, dans le cas dont il est question, sans que j'aie besoin de recourir à l'appréciation de nos ressources annuelles et d'ajouter de la sorte un élément de plus à la complication de cet écrit.

Je me bornerai donc à la simple indication des ressources au moyen desquelles la commune peut faire face à ses besoins extraordinaires. Une réserve de 600 arpents de bois dont les deux premiers tiers exploités en 1814 et le dernier tiers actuellement en coupe, auront dû rapporter plus de 200,000 francs, est susceptible de nous ramener le total de ce même produit à des époques dont je crois assez largement compenser l'intervalle, en le réduisant au terme proportionnel et commun de quarante années au plus, relativement au produit dont j'ai parlé.

Je me hâte de faire observer que ceci n'est donné que comme un simple aperçu dont je ne garantis point l'entière exactitude, et que néanmoins je puis faire considérer comme une évaluation plutôt rabaissée qu'exagérée. Il n'eût pas été d'un très-grand intérêt pour moi d'associer ces données préalables à la justification du projet que j'ai présenté, si ce projet n'avait pas été discrédité par un système d'objections parmi lesquelles j'ai souvent eu lieu de démêler celle dont je prépare, en ce moment la réfutation.

Je suis tellement bien en mesure à ce sujet, que dans la supposition même où les ressources de Bourbonne seraient de moitié même, au dessous de l'évaluation que je viens d'en présenter, je n'en serais pas moins fort à repousser l'objection dont mes lecteurs ont déjà deviné la tendance.

Cette objection ne tendait pas moins qu'à présenter mon projet comme inexécutable en raison de l'insuffisance des fonds de la commune; et comme, à force de la semer dans le public, elle y a, si je puis m'exprimer ainsi, pris racine, et que depuis long-temps même elle y porte de mauvais fruits, je dois en débarrasser, en purger le terrain de ma justification.

D'après les antécédents que je viens d'établir, on m'excusera facilement de ne pas avoir insisté plus longuement sur l'appréciation des ressources de Bourbonne, au sujet desquelles, je l'avoue, je n'ai pas jusqu'alors acquis des données parfaitement exactes. Il m'eût été facile, à la vérité, de me procurer ces données; mais je ne l'ai point jugé nécessaire, en ce que les indications que j'ai fournies à cet égard ont, relativement à l'objet particulier de ce Mémoire, un degré suffisant de valeur, et qu'enfin j'aurais eu quelque répugnance à le surcharger des détails d'une question dont la place est déjà marquée dans la suite de mon ouvrage.

Il est ici beaucoup plus important pour moi de rattacher à différents points essentiels et bien établis l'énumération des besoins généraux de Bourbonne.

Déjà mes lecteurs ont dû, j'aime à le penser, reconnaître avec moi que le plus éminent de ses titres à l'attention du gouvernement, de la France entière, à la sienne propre, était ses eaux thermales; et que cette faveur de la nature, antérieure à toute autre prérogative, était celle aussi qu'elle devait s'appliquer d'abord à faire valoir.

Je suivrai, dans l'énumération de ses autres titres, un ordre de succession fondé sur le degré d'urgence apparente ou déjà reconnue des besoins particuliers qui viendront naturellement s'y rattacher.

Ainsi l'administration municipale ayant donné son attention d'abord aux besoins de Bourbonne envisagé dans sa qualité de chef-lieu de canton; c'est à cette qualité que je m'empresserai de rapporter immédiatement l'indication de ceux-ci.

Je noterai de même à leur suite, et comme accessoire, un projet particulier dont l'autorité locale avait demandé concurremment l'exécution, dans la vue de répondre aux intérêts d'une petite place marchande.

J'aurai de plus à signaler un dernier projet conçu dans l'intérêt particulier des habitants.

Ce cadre enfin sera fermé par l'indication d'un besoin généralement senti que la commune éprouve également sous un autre point de vue.

D'après cet exposé, la question des besoins actuels de Bourbonne, réduite à ses termes les plus généraux, peut être ainsi posée:

Nécessité de subvenir à l'insuffisance des objets d'utilité publique et des localités consacrées aux besoins d'une ville, chef-lieu de canton, renommée particulièrement par ses eaux thermales et par l'existence de deux établissements, l'un militaire, et l'autre civil, administrés par le gouvernement dont ils sont la propriété.

Bourbonne, en raison de cette nécessité bien reconnue, réclame....

Comme ville d'eaux minérales, centre d'une population de 3 a 4000 habitants, admettant de plus un assez grand nombre de malades étrangers pendant cinq mois de l'année:

1°. Certains travaux relatifs aux routes et principaux chemins qui s'y rendent des différentes provinces. Il n'entre point dans mon plan de développer ici cette question dont les éléments sont étrangers par leur nature au sujet que je me prépare à discuter. Je ferai seulement observer que l'administration s'en occupe et que déjà quelques améliorations importantes ont eu lieu.

2°. Sous le point de vue de la répartition très-inégale et de la disposition naturellement montueuse du sol de Bourbonne, auxquelles il faut rapporter la singularité de son aspect, la distribution incohérente de ses trois principaux quartiers, l'irrégularité, la dissociation de ses rues, leur isolement respectif, une disproportion remarquable entre la population de la ville et son étendue, d'où résulte indépendamment de plusieurs inconvénients particuliers, un défaut général de centralisation qui nuit à l'aisance des rapprochements, des communications journalières et peut-être même encore à cet esprit d'association que les étrangers voudraient y rencontrer.

L'application bien ordonnée des moyens de perfectionner avec le temps, l'ensemble des communications, d'améliorer les voies publiques et d'opérer certains alignements.

3°. Par des raisons d'une nature analogue.

La suppression des écuries qui sont dépendantes du bâtiment dont la commune dispose en faveur de la gendarmerie, et de plusieurs corps particuliers d'habitations qui, non moins que ces écuries, nuisent au développement de la place où sont construits les bains civils, et masquent la façade de cet établissement.

4°. Un lieu de promenade au centre de la ville assez convenablement disposé et situé pour en faciliter le salutaire exercice et la fréquentation journalière, en épargnant aux habitants comme aux malades étrangers le désagrément de n'y pouvoir arriver qu'après avoir essuyé la fatigue et l'ennui du trajet des rues inégales de Bourbonne; et dans le même système de vues, un établissement propre aux réunions d'agrément public intérieur, à différentes époques de l'année, notamment pendant la saison des eaux.

5°. Dans les intérêts particuliers de la ville et du gouvernement.

Le concours et l'application des moyens propres à modérer, prévenir ou détourner l'effet des inondations désastreuses auxquelles est particulièrement exposé le quartier des bains, et qui déjà plusieurs fois se sont renouvelées à Bourbonne, au détriment des habitations, des possessions publiques, et des établissements thermaux. L'histoire de ces inondations, l'appréciation de leur cause et la discussion des moyens que l'administration pourrait avoir à leur opposer, out dû rester étrangères à la conception de cette première partie de mon ouvrage, et ne s'y trouver mentionnées qu'à titre de simple indication nécessaire au complément du tableau que je présente à mes lecteurs.

Comme chef-lieu de canton.

6°. La création d'un hôtel ou maison-de-ville appropriée aux besoins de la justice de paix, susceptible de se prêter en outre aux réunions du tirage à l'époque du recrutement dont Bourbonne a presque toujours été le lieu d'élection, relativement à plusieurs cantons circonvoisins.

Ou la simple amélioration de l'établissement actuel.

7° Un nouveau bâtiment propre au logement de la gendarmerie, ou tout au moins un changement notable dans la disposition du bâtiment actuel, en raison de la très-grande convenance du besoin déjà mentionné d'en supprimer tôt ou tard une des dépendances les plus nécessaires (les écuries) et d'y suppléer d'une manière quelconque. Il serait fâcheux en effet que la commune éprouvât dans ses revenus actuels une diminution réelle de 550 francs qui lui sont alloués, à titre de loyer par le gouvernement, chargé de pourvoir lui-même au casernement des gendarmes.

8°. La destruction des halles actuelles et les moyens de subvenir à l'emplacement comme à la reconstruction des nouvelles.

9°. Dans l'intérêt particulier des habitants.

L'établissement de fontaines, réservées spécialement au besoin du quartier haut de Bourbonne, en supposant que la sûreté bien reconnue de cette entreprise et les moyens de l'exécuter, soient convenablement en rapport avec le degré d'utilité que la ville en général et les habitants de ce quartier pourront en tirer.

10°. Comme paroisse.

Une église plus saine, mieux aérée plus vaste et plus en rapport avec la population.

C'est à dessein que je n'ai pas compris nominativement dans ce rapide aperçu quelques sujets d'amélioration d'une importance secondaire et qui rentrent plus ou moins dans le système des besoins dont je viens d'esquisser le tableau.

Ce tableau, du reste, est déjà par lui-même assez chargé. Je ne serais pas très-surpris, qu'au premier abord, il ne parût décourageant. Les besoins sont grands, j'en conviens; mais les moyens d'y subvenir efficacement sont plus grands encore : on en conviendra bientôt.

Cette assertion cessera de sembler hasardée quand on aura vu que, par un système heureusement combiné d'économies, et pour une somme de 50,000 francs au plus, la commune pouvait se procurer trois nouvelles communications utiles et dont, par surcroît, chacune était un moyen d'embellissement public, ouvertes sur un terrain de 4000 toises quarrées de surface, au centre et dans la plus belle exposition de la ville, enceint de murs éprouvés dans une partie de leur continuité par le temps, dans l'autre entièrement neufs et d'un ensemble de construction parfait, renfermant une promenade complète aussi variée que pittoresque et féconde en beaux points de vue, un bâtiment neuf, entièrement régulier, libre de toutes faces, au premier rang des maisons de la ville et susceptible de se prêter non-seulement aux réunions d'agrément, mais encore à tous les besoins d'un établissement municipal à Bourbonne; enfin plusieurs autres corps de bâtiments dont l'ensemble offrait à la commune une infinité de ressources.

Empressons-nous d'ajouter qu'indépendamment de ces premiers avantages, et sans aller au-delà des applications de la somme indiquée ci-dessus, la commune pouvait supprimer non-seulement les écuries du bâtiment occupé par la gendarmerie, mais tous les autres corps d'habitation qui lui sont contigus, démasquer ainsi l'établissement des bains et rentrer de plus en possession de nouvelles casernes.

Il suit de là que pour une somme très-modique, elle remplissait la plus grande partie des conditions mentionnées dans les articles 2, 3, 4, 6, 7, et subvenait d'abord à presque tous les besoins qu'elle éprouve en qualité de ville d'eaux minérales et de chef-lieu de canton.

Mais craignons d'anticiper sur les détails ultérieurs d'une discussion dans laquelle je ne puis faire un pas sans être averti qu'une manière de procéder, toujours méthodique et sévère, en peut seule assurer l'heureux développement.

L'esprit de mes lecteurs est disposé maintenant à la suivre dans ses applications à l'examen des différents projets soumis à l'administration. Les intérêts généraux de Bourbonne et ses besoins sont connus et déterminés. C'est à cette connaissance, à ce premier résultat du développement de mes vues que l'examen des projets dont il est aujourd'hui question doit-être appliqué, rapporté, comme à l'échelle de proportions qui peut seule en fixer comparativement la valeur et le degré d'importance relative.

www.ingramcontent.com/pod-product-compliance
Ingram Content Group UK Ltd.
Pitfield, Milton Keynes, MK11 3LW, UK
UKHW022143190726
13855UKWH00003B/1303